Inhalt

Personalentwicklung in der Verwaltung - der öffentliche Sektor muss attraktiver werden

Kernthesen

Beitrag

Fallbeispiele

Weiterführende Literatur

Impressum

Personalentwicklung in der Verwaltung - der öffentliche Sektor muss attraktiver werden

Robert Reuter

Kernthesen

- Spardiktat und Verschlankungsdruck haben die Belegschaften in den Amtstuben ausgedünnt. Darüber hinaus ist der Altersdurchschnitt der Beschäftigten relativ hoch.
- Die öffentliche Verwaltung ist darum auf der Suche nach jungem und kompetentem Nachwuchs.
- Woran es fehlt, sind Konzepte zur Personalentwicklung.
- Gut steht der öffentliche Sektor beim

Thema Work-Life-Balance da. Im Vergleich mit der Privatwirtschaft sind flexible Arbeitszeitmodelle schon deutlich weiter verbreitet.

Beitrag

Kompetente Verwaltung braucht gute Mitarbeiter

Ganz lange ist es noch nicht her, da galten Mitarbeiter der öffentlichen Verwaltung in erster Linie als Kostenfaktor. Zauberworte wie schlanke Verwaltung oder Entbürokratisierung erweckten den Eindruck, dass in der Verwaltung ein Riesenheer wenig kompetenter und von Spinnweben überzogener Paragrafenreiter sein Unwesen treibt. Diese Sicht auf den öffentlich Angestellten hat sich mittlerweile geändert. Die Erwartungen der Bürger an Transparenz, Kompetenz und Bürgernähe haben zur Folge, dass auch die Verwaltungen selbst erkennen, dass eine schlagkräftige Verwaltung gute Mitarbeiter braucht.

Der seit Jahren vorangetriebene Stellenabbau und der allgemeine Trend zur Verschlankung haben allerdings dazu geführt, dass viele Verwaltungen einen eklatanten Mangel an hochqualifizierten Mitarbeitern beklagen müssen. Gegensteuern können die Verwaltungen oft nicht, denn Kommunen, Gemeinden und Städte sind trotz der guten Konjunktur in den Jahren 2010 und 2011 noch immer stark verschuldet. Mit hohen Gehältern oder dem Angebot einer gesicherten Weiterqualifizierung können die Verwaltungen daher nicht in den Wettstreit um die besten Köpfe eintreten.

Das Spardiktat im Personalbereich hat dazu geführt, dass sich viele Belegschaften in der öffentlichen Verwaltung auf direktem Weg in die Überalterung befinden. Schon heute ist der Anteil der über 55-jährigen Mitarbeiter im öffentlichen Dienst doppelt so hoch wie in der Privatwirtschaft. Die viel beachtete Studie der Robert-Bosch-Stiftung mit dem Titel "Demographieorientierte Personalpolitik in der öffentlichen Verwaltung" deckte überdies auf, dass die Gruppe der Nachwuchskräfte in den letzten 20 Jahren um mehr als 50 Prozent geschrumpft ist. Der Altersdurchschnitt in der Bundesverwaltung liegt darum bereits bei 46,3 Jahren. (1), (2), (3), (6)

Probleme durch den demografischen Wandel

Eine weitere Zuspitzung erfährt die Personalsituation

im öffentlichen Sektor durch den demografischen Wandel. Die kleiner werdende Erwerbsbevölkerung stellt die Personaler in den Verwaltungen vor die Frage, wie sie High Potentials die Arbeit in der Verwaltung schmackhaft machen können. Nach wie vor ist es nämlich kaum möglich, schnell Karriere zu machen. Die Personaler werben daher mit inhaltsreichen Aufgaben und der Anerkennung durch die Gesellschaft. Auch die größere Sicherheit, die ein Anstellungsverhältnis im öffentlichen Dienst bietet, ist ein gutes Argument. Gleichwohl bemängeln Experten, dass auch das vielerorts fehlende Personalmanagement geeignete Kandidaten vom Eintritt in den öffentlichen Dienst abhält. Weiterbildungen, Entwicklungsmodelle und klare Perspektiven können die Verwaltungen den Jobsuchern oft einfach nicht bieten. [(1)](), [(2)]()

Öffentliche Verwaltung - besser als ihr Ruf

Häufig werden öffentliche Verwaltungen dafür kritisiert, dass sie von den Instrumenten eines modernen Human-Resource-Managements nichts wüssten und darum weiterhin Personalentwicklung im Stil der 80er Jahre betreiben. Diese Einschätzung ist nach Ansicht von Experten falsch. Sie verweisen auf die eingeschränkten Möglichkeiten öffentlicher

Verwaltungen - gerade in kleinen Kommunen sei es einfach nicht möglich, modernes Personalmanagement zu finanzieren. Anders sähe es in großen Verwaltungen aus. Dort seien die Instrumente einer modernen Personalentwicklung durchaus anzutreffen. Dennoch stimmt auch, dass Verwaltungen ihr Personal nicht in dem Umfang weiterbilden können, wie sie es selbst gerne tun würden - weil ihnen von Aufsichtsbehörden keine Gelder genehmigt werden. (1), (2), (3)

Trends

Kombination aus Arbeitszeit und Weiterbildung

Während der öffentliche Sektor bei den Themen Karriere und Weiterbildung hinter der Privatwirtschaft her hinkt, hat er bei Arbeitszeitmodellen die Nase vorn. Bereits heute arbeitet jeder vierte Mitarbeiter - und damit doppelt so viele wie in der Wirtschaft - in Teilzeit. Der öffentliche Dienst verfügt über eine Vielzahl von Modellen zur Flexibilisierung der Arbeitszeit wie eben Teilzeit oder auch Jobsharing. Die von der Politik erhobene Forderung, für bessere Vereinbarkeit von

Familie und Beruf zu sorgen, zeigt damit in der öffentlichen Verwaltung weit größeren Niederschlag als in der Privatwirtschaft. Ausschlaggebend ist allerdings die größere Sicherheit, die das Beschäftigungsverhältnis im öffentlichen Sektor bietet. Die Mitarbeiter sind infolgedessen schneller bereit, solche Angebote anzunehmen.

Was dem öffentlichen Sektor fehlt, ist die Verquickung der arbeitnehmerfreundlichen Zeitmodelle mit Weiterbildungs- und Qualifizierungsmaßnahmen. Die Mitarbeiter hätten dann die Möglichkeit, angehäufte Überstunden nicht nur in Freizeit, sondern in ihre eigene Fortbildung zu investieren. Experten raten den Verwaltungen überdies, ihre Arbeitszeitmodelle auch mit gesundheitsfördernden Maßnahmen zu kombinieren. Dazu zählen etwa Rückenschulungsprogramme bei sitzenden Tätigkeiten, die sich nicht nur auf die Gesundheit und Leistungsfähigkeit der Mitarbeiter positiv auswirken, sondern auch gewichtige Argumente bei der Gewinnung talentierter Nachwuchskräfte sind. Personalern in der öffentlichen Verwaltung wird die Notwendigkeit, Mitarbeiter ganzheitlich in fördernde Maßnahmen einzubinden, statt sie einfach in die Freizeit zu entlassen, mehr und mehr bewusst. Zusammen mit den im Vergleich mit der Privatwirtschaft besonders fortschrittlichen Arbeitszeitmodellen sind die

Aussichten des öffentlichen Sektors auf eine erfolgreiche Werbung um gute Mitarbeiter damit gar nicht so schlecht. (7)

Fallbeispiele

Neue Qualifizierungsreihe in Erlangen

Die Amtsleitungen der Stadt Erlangen haben gemeinsam mit der hierfür gebildeten Arbeitsgruppe Personalentwicklung eine Qualifizierungsreihe für die obere Führungsebene entwickelt. Die AGPE genannte Arbeitsgruppe entwarf in einem ersten Schritt eine Dach-Konzeption für die zukünftige Qualifizierungsreihe. Diese kombiniert klassische Fortbildungsanteile mit begleitenden Trainingselementen im Coaching und mit Führungsentwicklungs- sowie Organisationsentwicklungs-Methoden. (8)

Integrierte Personalentwicklung in Herten

Die öffentliche Verwaltung im nordrheinwestfälischen Herten will sich demografiefest machen und setzt dafür auf mitarbeiterorientierte Angebote und ein modernes Führungsverständnis. Das Personalmanagement in der früheren Bergbaustadt strebt die von Experten geforderte Kombination von flexiblen Arbeitszeiten mit Fortbildungsangeboten an. Jeder Fachbereich verfügt über ein Budget für den Geschäftsbedarf, das zu einem bestimmten Prozentsatz für die Fachfortbildung der Mitarbeiter eingesetzt werden muss. Für die Förderung von Schlüsselqualifikationen haben die Personalentwickler in Zusammenarbeit mit der städtischen Volkshochschule ein Fortbildungsprogramm aufgelegt. Etwa vor fünf Jahren wurde zudem ein umfassender Personalentwicklungsprozess in Gang gesetzt, der neben den Themen Work-Life-Balance und Fortbildung auch die Bereiche Gesundheitsförderung und Prävention, betriebliches Eingliederungsmanagement und Chancengleichheit einschließt. (4), (5)

Weiterführende Literatur

(1) Personalentwicklung im Öffentlichen Dienst aus Behörden Spiegel Heft 08/2012

(2) Demographiemanagement in Behörden aus Behörden Spiegel Heft 06/2012

(3) Den Kompass neu ausrichten
aus Personalwirtschaft, Heft Sonderausgabe Verwaltung/2012, S. 6-11

(4) Die Lebensphasen im Blick
aus Personalwirtschaft, Heft Sonderausgabe Verwaltung/2012, S. 14-16

(5) An allen Rädern drehen
aus Personalwirtschaft, Heft Sonderausgabe Verwaltung/2012, S. 22-23

(6) In Berliner Amtsstuben grassiert das Siechtum
aus Ärzte Zeitung Nr. 42 vom 07.03.2012, Seite 8

(7) Flexibilität statt Freizeit
aus Behörden Spiegel Heft 05/2012

(8) Wenn die Wellen höher schlagen
aus Personalwirtschaft, Heft Sonderausgabe Verwaltung/2012, S. 24-25

Impressum

Personalentwicklung in der Verwaltung - der öffentliche Sektor muss attraktiver werden

Bibliografische Information der deutschen Nationalbibliothek

Die Deutsche Nationalbibliothek verzeichnet diese Publikation in der deutschen Nationalbibliografie; detaillierte bibliografische Daten sind im Internet über http://dnb.d-nb.de abrufbar.

ISBN: 978-3-7379-0979-2

© 2015 GBI-Genios Deutsche Wirtschaftsdatenbank GmbH, Freischützstraße 96, 81927 München, www.genios.de

Alle Rechte vorbehalten. Dieses Werk ist einschließlich aller seiner Teile – z.B. Texte, Tabellen und Grafiken - urheberrechtlich geschützt. Jede Verwertung außerhalb der Grenzen des Urheberrechtsgesetzes bedarf der vorherigen Zustimmung des Verlags. Dies gilt insbesondere auch für auszugsweise Nachdrucke, fotomechanische

Vervielfältigungen (Fotokopie/Mikroskopie), Übersetzungen, Auswertungen durch Datenbanken oder ähnliche Einrichtungen und die Einspeicherung und Verarbeitung in elektronischen Systemen.